MINHA VIDA EM UM LIVRO

Minha vida em um livro

1ª Edição - 1ª Reimpressão - Agosto 2022

DIRETOR
Alcebino Santana

COORDENAÇÃO EDITORIAL
Michelle Guimarães El Aouar

DIREÇÃO DE ARTE
Tiago Rabello

REVISÃO
Natália Castro

ILUSTRAÇÃO E DIAGRAMAÇÃO
Rodrigo Nunes

REVISÃO TÉCNICA
Mônica Ballejo Canto

A657 Aquino, Thiago Antonio Avellar de.
Minha vida em um livro / Thiago Avellar de Aquino, Shirley de Souza Silva Simeão, Ludmila Xavier Rodrigues: [ilustração: Rodrigo Nunes] – Belo Horizonte: Artesã, 2021.
64 p.: il ; 22cm.

ISBN 978-65-86140-65-1.

1. Psicoterapia. 2.Terapia cognitiva. 3. Logoterapia. I. Simeão, Shirley de Souza Silva. II. Rodrigues, Ludmila Xavier. II Nunes, Rodrigues. IV. Título.

CDD 159.9.018

Catalogação: Aline M. Sima CRB-6/2645

IMPRESSO NO BRASIL
Printed in Brazil

ARTESÃ EDITORA LTDA.
Site: www.artesaeditora.com.br
E-mail: contato@artesaeditora.com.br
Belo Horizonte/MG

THIAGO AVELLAR DE AQUINO

SHIRLEY SIMEÃO

LUDMILA RODRIGUES

MINHA VIDA EM UM LIVRO

"Escrever um livro não é muito;

Saber viver é mais;

Seria muito mais, escrever um livro que ensine a viver.

Seria muito mais ainda, viver uma vida que mereça ser relatada em um livro."

(Viktor Frankl)

Que este recurso possa viabilizar o resgate de elementos importantes das experiências de vida e, assim, possa favorecer a ressignificação da história vivida, bem como apontar novos direcionamentos para vivências mais adaptativas.

O
L
S

APRESENTAÇÃO

Minha vida em um livro é um recurso terapêutico que auxilia a sistematizar a sua própria história de vida. Visa a descoberta de suas principais fortalezas, bem como facilita a obtenção de informações relevantes que auxiliam na sua busca de sentido e na clarificação do seu autodirecionamento. Assim, ele se apresenta como uma estratégia significativa que pode auxiliar no processo psicoterápico por meio de registro de situações/eventos marcantes. Dessa forma, pode favorecer o autoconhecimento, proporcionar ressignificação de fatos passados e ajudar no norteamento de perspectivas futuras.

O registro das situações e da própria história de vida, além de possibilitar uma reelaboração acerca da própria existência, permite um melhor entendimento da queixa, favorece a atribuição de significações adequadas a partir das vivências e facilita o estabelecimento da relação de situações de vida com a queixa/dificuldade apresentada, viabilizando, assim, intervenções efetivas.

Vamos dar início à construção da sua história? Certamente, ela permitirá um novo olhar sobre experiências vividas e propiciará descobertas de sentidos para fatos importantes que muito têm a ensiná-lo.

Minha vida em um livro

Imagine que você está escrevendo um livro sobre a sua própria vida. A partir de agora você terá a oportunidade de ser o protagonista da história e, ao mesmo tempo, o autor. Para que a sua vida seja transformada em um livro, vamos iniciar fazendo uma apresentação e, em seguida, organizar os capítulos que compõem essa história, por ordem cronológica.

Inicialmente, é necessário que o personagem principal desta história seja apresentado, para que você comece a conhecer melhor o responsável por ela.

Que informações sobre o personagem você considera pertinente registrar?

Apresentação

A história iniciou em ______/______/______

Escolha uma foto que você considera que representa o personagem.

Vamos pensar um pouco...

O que motivou a escolha dessa foto?

Para conhecer mais sobre o personagem principal deste livro, convidamos você a anotar alguns dados que podem ajudar.

Atividades que gosto de fazer

Coisas que não gosto de fazer

Meu hobby predileto

Meus cantores favoritos

Meus ídolos (ou pessoas que me inspiram)

Filmes que gosto de assistir

O que vejo como qualidades em mim

Meu maior sonho

A PARTIR DA APRESENTAÇÃO, PONTUE AS CARACTERÍSTICAS QUE ESSE PERSONAGEM APRESENTA.

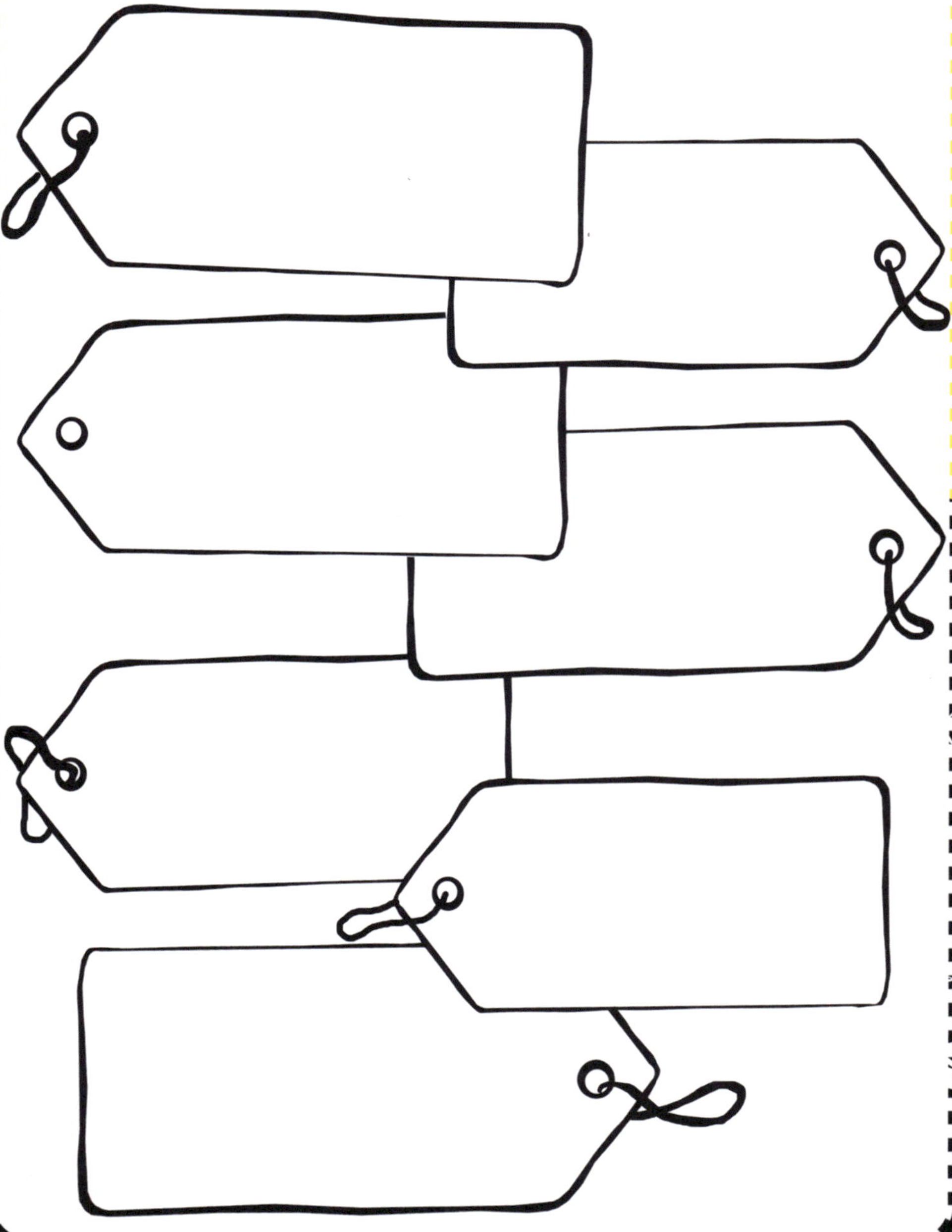

Capítulo I
- Passado -

Considerando as principais cenas de sua vida, vamos iniciar o capítulo um, que tem como objetivo fazer um resgate dos principais fatos já vividos.

Quando olho para o meu passado, como me descreveria?

Que situações me vêm à mente?

Quais as emoções foram vivenciadas nessa etapa?

Sobre os capítulos que já foram vividos.

Momentos em que demonstrei mais coragem:

Momentos em que tive mais compaixão:

Momentos em que a vida parecia mais radiante (fascinante) para mim:

O QUE OS CAPÍTULOS PASSADOS ME ENSINARAM?

Momentos em que recebi algo positivo da vida:

Momentos significativos da minha vida.

Na infância

Na adolescência

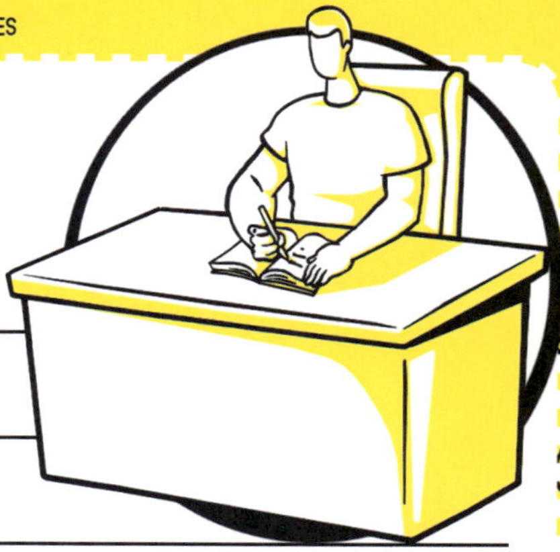

Na vida adulta

Na formação profissional

No trabalho (ou na escola)

Na família

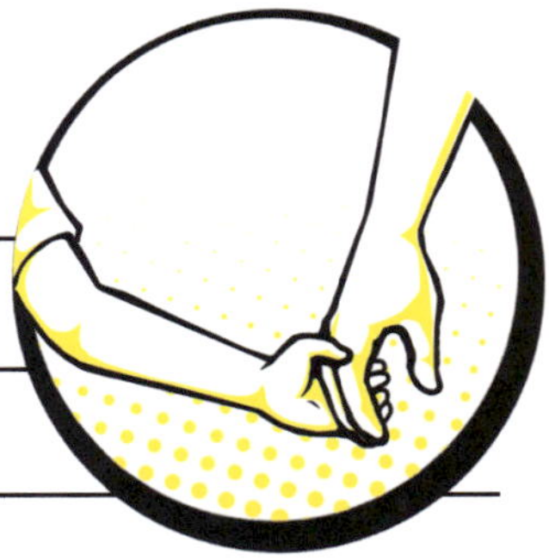

Nos últimos meses

Entre os fatos elencados na atividade anterior, o que considero mais importante.

1º Acontecimento mais importante:____________________

____

2º Acontecimento mais importante:____________________

____

3º Acontecimento mais importante:____________________

____

O momento mais feliz foi quando ____________________

____

____

Uma cena ou fato que me marcou foi ____________________

____

____

Uma pessoa que marcou a minha vida foi ____________________

____

____

Nada melhor do que uma música para relembrar o que passou.

Se você tivesse que escolher uma música para representar os momentos vivenciados, que música escolheria?

____

____

Ao ouvir a letra ou melodia, que memórias são evocadas?

____

____

____

____

Que emoções são vivenciadas?

____

____

____

____

Que momento do passado representa?

____

____

____

Diante de tudo o que vivi, sou grato(a) por...

Que nome daria ao capítulo do passado?

E hoje, ao relembrar cenas dessa etapa, que emoções foram ativadas?

Como você poderia nomear as emoções que foram ativadas?

Capítulo II
- Presente -

Sobre os capítulos que estão sendo vividos.

Atualmente, a vida me chama para escrever sobre...

Pensando na situação de vida atual, seria muito bom se...

Os principais desafios do momento são...

Hoje, percebo-me como uma pessoa que.....

Hoje, o que mais me alegra é...

O que mais tem me empolgado é...

Cite as atividades praticadas no tempo livre que representem uma fonte de prazer:

Considere a figura a seguir como representativa de suas vivências e avalie sua postura/ação frente a fatos/situações da vida.

Inicialmente marque na escala de 0 a 10 o grau de sofrimento e de felicidade que você tem recebido da vida.

Quais os desafios?

10 9 8 7 6 5 4 3 2 1

Sofrimento

Fico apenas me autolamentando?

Já nos quadrantes inferiores, registre as situações em que são adotadas (Autolamentação/Busca da felicidade/prazer a todo custo).

POSTURA/AÇÃO

QUAIS OS MOTIVOS E RAZÕES?

1	2	3	4	5	6	7	8	9	10

FELICIDADE

BUSCO A FELICIDADE A QUALQUER CUSTO?

APÓS PREENCHER, AVALIE AS POSTURAS/AÇÕES ADOTADAS. O QUANTO ELAS SE RELACIONAM COM OS SENTIMENTOS DE SOFRIMENTO/PRAZER VIVENCIADOS.

POSTURA/AÇÃO

Qual nome daria ao capítulo do presente?

Quais as realizações vivenciadas?

Capítulo III
- Futuro -

AGORA, IMAGINE QUE VOCÊ ESTÁ DIANTE DE UMA TELA VENDO SUA VIDA AVANÇAR PARA O FUTURO, COMO SE FOSSE UM FILME.

QUANDO VOCÊ PENSA NO FUTURO, VISUALIZA QUE OS PRÓXIMOS CAPÍTULOS DE SUA VIDA SERÃO SOBRE...

QUE SITUAÇÕES DO FUTURO VOCÊ IMAGINA ACONTECER ?

Que planos você faz?

Quais as ações que você precisa para alcançar suas metas?

Sobre os capítulos que estão por vir

Seria uma surpresa positiva se...

Espero poder vivenciar/realizar.....

CONSIDERE AS ÁREAS DE SUA VIDA, ASSOCIE OS OBJETIVOS, SEUS PLANOS DE AÇÃO PRETENDIDOS E AS EMOÇÕES CORRESPONDENTES PARA CADA ÁREA.

Áreas da vida	Objetivos
Amizades/ relações interpessoais	
Familiar	
Amorosa	
Profissional	
Financeira	
Lazer	

Como me sinto diante dos objetivos definidos	Plano de ação O que pretende fazer para alcançar

CAPÍTULO FINAL

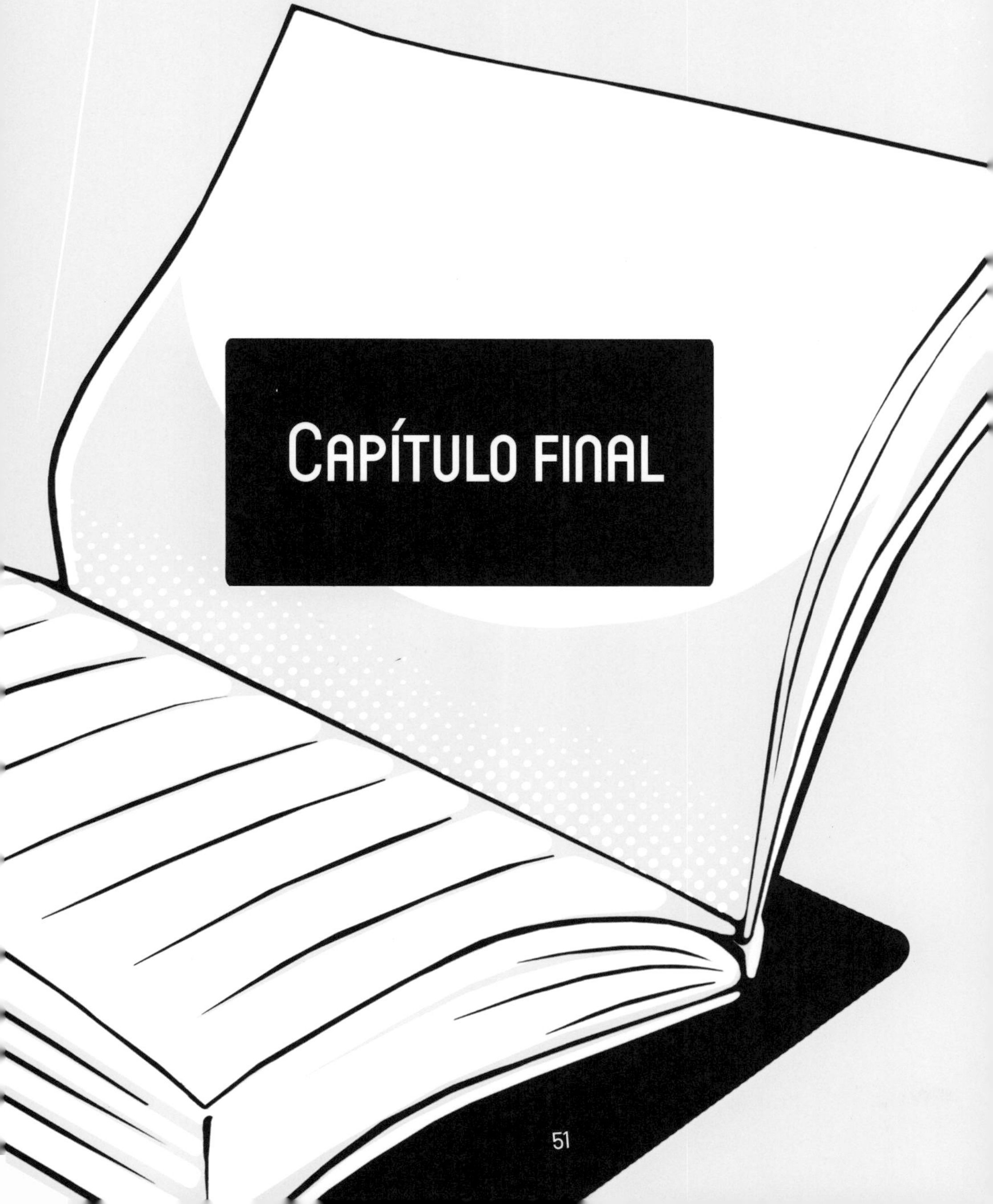

Todo livro deve chegar ao fim para poder transmitir a sua mensagem para os seus leitores. Assim, como você gostaria de finalizar essa história?

Um final adequado seria...

Você reescreveria algum capítulo? Justifique...

O que você se arrependeria de não ter escrito no seu livro?

O que você considerou mais importante na história da sua vida?

Das emoções vivenciadas ao longo desta história, estão

Raiva

Tristeza

Alegria

Amor

Nojo

Medo

Qual emoção predominou?

AGORA QUE VOCÊ FEZ UM RESGATE DE PONTOS IMPORTANTES DA SUA HISTÓRIA, QUE JUNTOS REPRESENTAM SUAS PRINCIPAIS VIVÊNCIAS, TRANSCREVA AS PALAVRAS PARA OS DIFERENTES NÍVEIS DOS CÍRCULOS, CONSIDERANDO QUE QUANTO MAIS PERTO DO **EU**, MAIOR É A SUA IMPORTÂNCIA OU PRIORIDADE PARA GUIAR A SUA BIOGRAFIA.

AFETO

AMIZADE

AMOR

ARTE

CONSCIÊNCIA

CONTEMPLAÇÃO

CRIATIVIDADE

DOAÇÃO

EQUILÍBRIO

ESPIRITUALIDADE

FAMÍLIA

FELICIDADE

HUMOR

LIBERDADE

PODER

PRAZER

RESPONSABILIDADE

SAÚDE

SUCESSO

AGORA QUE VOCÊ CONTEMPLOU TODA A SUA HISTÓRIA, DÊ UM TÍTULO A ESTE LIVRO:

Cole aqui a imagem que representa esta história:

Faça uma pequena sinopse (síntese) deste livro para os futuros leitores:

Dedico este livro a...

Por qual razão? Aponte os motivos que fizeram com que você dedicasse esta obra a pessoa indicada.

Ao finalizar esta história, descreva a principal mensagem deste livro.

Quais ensinamentos que este livro pode proporcionar?

Thiago Antônio Avellar de Aquino

Psicólogo e doutor em Psicologia pela Universidade Federal da Paraíba (UFPB). Atualmente é professor da UFPB, coordenador do grupo LAPLAE - Laboratório de Pesquisa em Logoterapia e Análise Existencial (CNPq). Desenvolve estudos sobre sentido de vida na perspectiva da Logoterapia e Análise Existencial.

E-mail: logosvitae@hotmail.com

Shirley Simeão

Psicóloga com formação em Terapia Cognitivo-Comportamental. Doutora em Psicologia Social pela UFPB. Professora do Departamento de Psicologia da UFPB, Coordenadora do Núcleo de pesquisa em cognição e comportamento (LAPECC). Atua na supervisão de estágios e pesquisas com foco na saúde mental e desenvolvimento de habilidades sociais.

E-mail: shirley.psic@yahoo.com.br

Ludmila Rodrigues

Psicóloga Clínica com formação em Terapia Cognitivo-Comportamental. Pós-Graduação em Psicopedagogia. Pós-Graduação em Educação Global, Inteligências Humanas e Construção da Cidadania. Atua como psicóloga clínica no atendimento a adolescentes e adultos. Autora dos livros: *Bullying: possibilidades de intervenção; Desenvolvendo habilidades de vida na adolescência; Assertividade na adolescência: expressando desagrado e recusando pedidos; Qual o sentido? Procurando respostas e descobrindo propósitos na vida; Baralho dos valores e sentido na vida.*

E-mail: ludmilaxr@hotmail.com